the inner me.

this book belongs to
_____

Introduction. 前言

歡迎一起與The Inner Me展開2023年的新旅程！

您將與 The Inner Me 一起創造美好的生活，規劃您的夢想，記錄您做到的點滴。The Inner Me 希望與您一起進入自己的內心，與自己對話，認可自己，練習健康又豐盛的生活。

/ 準備開始 /
每天/每周這個時間，換上輕鬆的衣服，點亮雪松味道的精油蠟燭，準備一杯巧克力，這是我們的 The Inner Me 時光。

/ 如何記錄 /
在2022，您可以回顧自己過去的一年，寫下您做到與沒做到的事，好好將自己整理，做到與沒做到的事都是我們的經歷，是這些事情塑造今天的我，那不代表好或不好，但是我們可以想想，做到與沒做到的原因分別是什麼。

在2023，請大膽做夢，在夢想中您想成為的人，將它寫下，就有成真的可能。

將您想成為的人，規劃成每半年、每季、每月、每日達成的目標，一步一步，往夢想前進。與The Inner Me一起，您會發現，透過記錄，您知道您做的到。

規劃夢想目標時，PDCA循環可以幫助您做的更好，參照PDCA，提前思考與規劃(PLAN)、依計劃實際執行(DO)、反思執行與目標的差距(CHECK)、再提出具體的改善計劃(ACTION)，讓您的目標與執行不再有落差。

每天的日常生活雜事繁多？緊急/重要原則指引您排列任務的順序。將重要且緊急的事優先排序，標定為「立即處理」；重要但不緊急的事務，標定「排定時間處理」；不重要但緊急的事，可以「委派他人」；不緊急不重要的事，放寬心情就「捨棄」吧！

PDCA cycle.

計畫
Plan

執行
Do

改善
Action

檢核
Check

Urgent/Important matrix.

	Urgent	Not Urgent
Important	Urgent & Important	Not Urgent & Important
Not Important	Urgent & Not Important	Not Urgent & Not Important

2022.

- 最喜歡的回憶或成就

- 我想感謝

- 不喜歡/想改進的

2023.

- 想要成為什麼樣的自己

  - 為什麼

- 可以怎麼做

  - 誰/哪裡可以幫助我

Bucket List. 願望清單

2023

1 — January 2023

MON	TUE	WED	THU	FRI	SAT	SUN
						1
2	3	4	5	6	7	8
9	10	11	12	13	14	15
16	17	18	19	20	21	22
23	24	25	26	27	28	29
30	31					

2 — February 2023

MON	TUE	WED	THU	FRI	SAT	SUN
		1	2	3	4	5
6	7	8	9	10	11	12
13	14	15	16	17	18	19
20	21	22	23	24	25	26
27	28					

3 — March 2023

MON	TUE	WED	THU	FRI	SAT	SUN
		1	2	3	4	5
6	7	8	9	10	11	12
13	14	15	16	17	18	19
20	21	22	23	24	25	26
27	28	29	30	31		

4 — April 2023

MON	TUE	WED	THU	FRI	SAT	SUN
					1	2
3	4	5	6	7	8	9
10	11	12	13	14	15	16
17	18	19	20	21	22	23
24	25	26	27	28	29	30

5 — May 2023

MON	TUE	WED	THU	FRI	SAT	SUN
1	2	3	4	5	6	7
8	9	10	11	12	13	14
15	16	17	18	19	20	21
22	23	24	25	26	27	28
29	30	31				

6 — June 2023

MON	TUE	WED	THU	FRI	SAT	SUN
			1	2	3	4
5	6	7	8	9	10	11
12	13	14	15	16	17	18
19	20	21	22	23	24	25
26	27	28	29	30		

7
July 2023

MON	TUE	WED	THU	FRI	SAT	SUN
					1	2
3	4	5	6	7	8	9
10	11	12	13	14	15	16
17	18	19	20	21	22	23
24	25	26	27	28	29	30
31						

8
August 2023

MON	TUE	WED	THU	FRI	SAT	SUN
	1	2	3	4	5	6
7	8	9	10	11	12	13
14	15	16	17	18	19	20
21	22	23	24	25	26	27
28	29	30	31			

9
September 2023

MON	TUE	WED	THU	FRI	SAT	SUN
				1	2	3
4	5	6	7	8	9	10
11	12	13	14	15	16	17
18	19	20	21	22	23	24
25	26	27	28	29	30	

10
October 2023

MON	TUE	WED	THU	FRI	SAT	SUN
						1
2	3	4	5	6	7	8
9	10	11	12	13	14	15
16	17	18	19	20	21	22
23	24	25	26	27	28	29
30	31					

11
November 2023

MON	TUE	WED	THU	FRI	SAT	SUN
		1	2	3	4	5
6	7	8	9	10	11	12
13	14	15	16	17	18	19
20	21	22	23	24	25	26
27	28	29	30			

12
December 2023

MON	TUE	WED	THU	FRI	SAT	SUN
				1	2	3
4	5	6	7	8	9	10
11	12	13	14	15	16	17
18	19	20	21	22	23	24
25	26	27	28	29	30	31

Future Log. 未來誌

1

MON	TUE	WED	THU	FRI	SAT	SUN
						1
2	3	4	5	6	7	8
9	10	11	12	13	14	15
16	17	18	19	20	21	22
23	24	25	26	27	28	29
30	31					

2

MON	TUE	WED	THU	FRI	SAT	SUN
		1	2	3	4	5
6	7	8	9	10	11	12
13	14	15	16	17	18	19
20	21	22	23	24	25	26
27	28					

3

MON	TUE	WED	THU	FRI	SAT	SUN
		1	2	3	4	5
6	7	8	9	10	11	12
13	14	15	16	17	18	19
20	21	22	23	24	25	26
27	28	29	30	31		

7

MON	TUE	WED	THU	FRI	SAT	SUN
					1	2
3	4	5	6	7	8	9
10	11	12	13	14	15	16
17	18	19	20	21	22	23
24	25	26	27	28	29	30
31						

8

MON	TUE	WED	THU	FRI	SAT	SUN
	1	2	3	4	5	6
7	8	9	10	11	12	13
14	15	16	17	18	19	20
21	22	23	24	25	26	27
28	29	30	31			

9

MON	TUE	WED	THU	FRI	SAT	SUN
				1	2	3
4	5	6	7	8	9	10
11	12	13	14	15	16	17
18	19	20	21	22	23	24
25	26	27	28	29	30	

4 — April 2023

MON	TUE	WED	THU	FRI	SAT	SUN
					1	2
3	4	5	6	7	8	9
10	11	12	13	14	15	16
17	18	19	20	21	22	23
24	25	26	27	28	29	30

5 — May 2023

MON	TUE	WED	THU	FRI	SAT	SUN
1	2	3	4	5	6	7
8	9	10	11	12	13	14
15	16	17	18	19	20	21
22	23	24	25	26	27	28
29	30	31				

6 — June 2023

MON	TUE	WED	THU	FRI	SAT	SUN
			1	2	3	4
5	6	7	8	9	10	11
12	13	14	15	16	17	18
19	20	21	22	23	24	25
26	27	28	29	30		

10 — October 2023

MON	TUE	WED	THU	FRI	SAT	SUN
						1
2	3	4	5	6	7	8
9	10	11	12	13	14	15
16	17	18	19	20	21	22
23	24	25	26	27	28	29
30	31					

11 — November 2023

MON	TUE	WED	THU	FRI	SAT	SUN
		1	2	3	4	5
6	7	8	9	10	11	12
13	14	15	16	17	18	19
20	21	22	23	24	25	26
27	28	29	30			

12 — December 2023

MON	TUE	WED	THU	FRI	SAT	SUN
				1	2	3
4	5	6	7	8	9	10
11	12	13	14	15	16	17
18	19	20	21	22	23	24
25	26	27	28	29	30	31

JANUARY

1

| Health

| Finance

| Work/Study

| Relationship

MON	TUE	WED
2	3	4
9	10	11
16	17	18
23	24	25
30	31	

THU	FRI	SAT	SUN
			1
5	6	7	8
12	13	14	15
19	20	21	22
26	27	28	29

| Date -

| Mood - 😄 🙂 🙁

| To Do -

☐

☐

☐

| Date -

| Mood - 😄 🙂 🙁

| To Do -

☐

☐

☐

| Date -

| Mood - 😄 🙂 🙁

| To Do -

☐

☐

☐

| Date -

| Mood - 😄 🙂 🙁

| To Do -

☐

☐

☐

| This Week -

| Date -

| Mood - 🙂 🙂 🙁

| To Do -

☐

☐

☐

| Date -

| Mood - 🙂 🙂 🙁

| To Do -

☐

☐

☐

| Date -

| Mood - 🙂 🙂 🙁

| To Do -

☐

☐

☐

| Date -

| Mood - 🙂 🙂 🙁

| To Do -

☐

☐

☐

| Date -

| Mood - 😄 🙂 🙁

| To Do -

☐

☐

☐

| Date -

| Mood - 😄 🙂 🙁

| To Do -

☐

☐

☐

| Date -

| Mood - 😄 🙂 🙁

| To Do -

☐

☐

☐

| Date -

| Mood - 😄 🙂 🙁

| To Do -

☐

☐

☐

| This Week -

| Date -

| Mood - 😄 🙂 ☹️

| To Do -

☐

☐

☐

| Date -

| Mood - 😄 🙂 ☹️

| To Do -

☐

☐

☐

| Date -

| Mood - 😄 🙂 ☹️

| To Do -

☐

☐

☐

| Date -

| Mood - 😄 🙂 ☹️

| To Do -

☐

☐

☐

| Date -

| Mood - 😊 😊 😞

| To Do -

☐

☐

☐

| Date -

| Mood - 😊 😊 😞

| To Do -

☐

☐

☐

| Date -

| Mood - 😊 😊 😞

| To Do -

☐

☐

☐

| Date -

| Mood - 😊 😊 😞

| To Do -

☐

☐

☐

| This Week -

| Date -

| Mood - ☺ ☺ ☹

| To Do -

☐

☐

☐

| Date -

| Mood - ☺ ☺ ☹

| To Do -

☐

☐

☐

| Date -

| Mood - ☺ ☺ ☹

| To Do -

☐

☐

☐

| Date -

| Mood - ☺ ☺ ☹

| To Do -

☐

☐

☐

| Date -

| Mood - 😄 😊 😟

| To Do -

☐

☐

☐

| Date -

| Mood - 😄 😊 😟

| To Do -

☐

☐

☐

| Date -

| Mood - 😊 😊 😟

| To Do -

☐

☐

☐

| Date -

| Mood - 😄 😊 😟

| To Do -

☐

☐

☐

| This Week -

| Date -

| Mood - 😄 🙂 🙁

| To Do -

☐

☐

☐

| Date -

| Mood - 😄 🙂 🙁

| To Do -

☐

☐

☐

| Date -

| Mood - 😄 🙂 🙁

| To Do -

☐

☐

☐

| Date -

| Mood - 😄 🙂 🙁

| To Do -

☐

☐

☐

Habit Tracker. 習慣追蹤

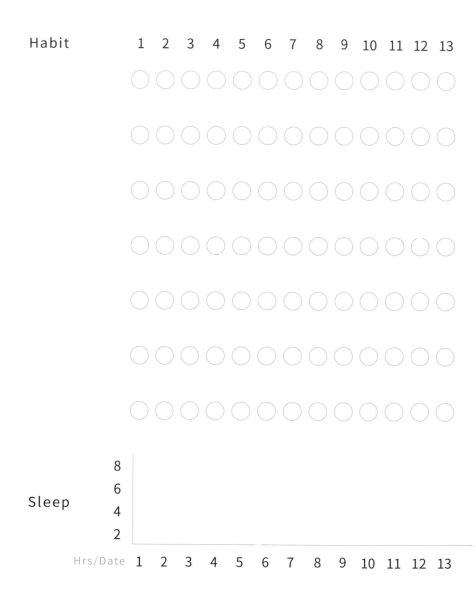

Habit	1	2	3	4	5	6	7	8	9	10	11	12	13
	○	○	○	○	○	○	○	○	○	○	○	○	○
	○	○	○	○	○	○	○	○	○	○	○	○	○
	○	○	○	○	○	○	○	○	○	○	○	○	○
	○	○	○	○	○	○	○	○	○	○	○	○	○
	○	○	○	○	○	○	○	○	○	○	○	○	○
	○	○	○	○	○	○	○	○	○	○	○	○	○
	○	○	○	○	○	○	○	○	○	○	○	○	○

Sleep

8
6
4
2

Hrs/Date 1 2 3 4 5 6 7 8 9 10 11 12 13

14 15 16 17 18 19 20 21 22 23 24 25 26 27 28 29 30 31

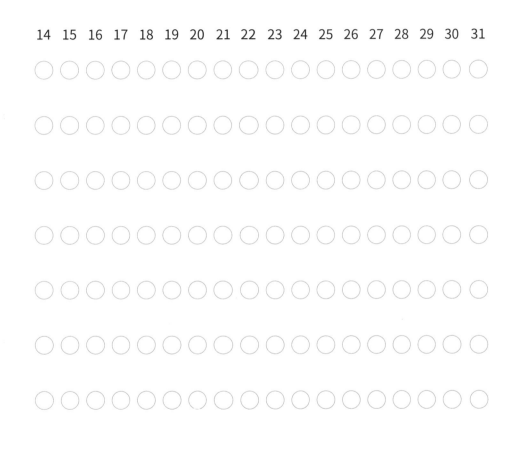

Expenses Tracker. 花費追蹤

Date	Description	Amount

Total

Date	Description	Amount

Total

Date	Description	Amount

Total

Date	Description	Amount

Total

Date	Description	Amount

Total

EBRUARY

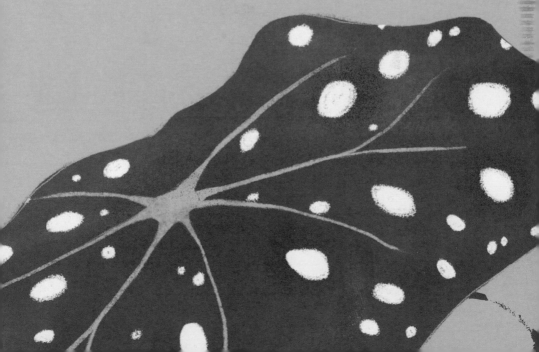

2

MON	TUE	WED
		1
6	7	8
13	14	15
20	21	22
27	28	

| Health

| Finance

| Work/Study

| Relationship

THU	FRI	SAT	SUN
2	3	4	5
9	10	11	12
16	17	18	19
23	24	25	26

| Date -

| Mood - 😄 😊 😞

| To Do -

☐

☐

☐

| Date -

| Mood - 😄 😊 😞

| To Do -

☐

☐

☐

| Date -

| Mood - 😄 😊 😞

| To Do -

☐

☐

☐

| Date -

| Mood - 😄 😊 😞

| To Do -

☐

☐

☐

| This Week -

| Date -

| Mood - 😄 🙂 🙁

| To Do -

☐

☐

☐

| Date -

| Mood - 😄 🙂 🙁

| To Do -

☐

☐

☐

| Date -

| Mood - 😄 🙂 🙁

| To Do -

☐

☐

☐

| Date -

| Mood - 😄 🙂 🙁

| To Do -

☐

☐

☐

| Date -

| Mood - 😄 🙂 🙁

| To Do -

☐

☐

☐

| Date -

| Mood - 😄 🙂 🙁

| To Do -

☐

☐

☐

| Date -

| Mood - 😄 🙂 🙁

| To Do -

☐

☐

☐

| Date -

| Mood - 😄 🙂 🙁

| To Do -

☐

☐

☐

| This Week -

| Date -

| Mood - 😄 😊 😞

| To Do -

☐

☐

☐

| Date -

| Mood - 😄 😊 😞

| To Do -

☐

☐

☐

| Date -

| Mood - 😄 😊 😞

| To Do -

☐

☐

☐

| Date -

| Mood - 😄 😊 😞

| To Do -

☐

☐

☐

| Date -

| Mood - 😊 🙂 ☹️

| To Do -

☐

☐

☐

| Date -

| Mood - 😊 🙂 ☹️

| To Do -

☐

☐

☐

| Date -

| Mood - 😊 🙂 ☹️

| To Do -

☐

☐

☐

| Date -

| Mood - 😊 🙂 ☹️

| To Do -

☐

☐

☐

| This Week -

| Date -

| Mood - 😄 🙂 😞

| To Do -

☐

☐

☐

| Date -

| Mood - 😄 🙂 😞

| To Do -

☐

☐

☐

| Date -

| Mood - 😄 🙂 😞

| To Do -

☐

☐

☐

| Date -

| Mood - 😄 🙂 😞

| To Do -

☐

☐

☐

| Date -

| Mood - 😄 🙂 🙁

| To Do -

☐

☐

☐

| Date -

| Mood - 😄 🙂 🙁

| To Do -

☐

☐

☐

| Date -

| Mood - 😄 🙂 🙁

| To Do -

☐

☐

☐

| Date -

| Mood - 😄 🙂 🙁

| To Do -

☐

☐

☐

| This Week -

| Date -

| Mood - 😊 🙂 😖

| To Do -

☐

☐

☐

| Date -

| Mood - 😊 🙂 😖

| To Do -

☐

☐

☐

| Date -

| Mood - 😊 🙂 😖

| To Do -

☐

☐

☐

| Date -

| Mood - 😊 🙂 😖

| To Do -

☐

☐

☐

Habit Tracker. 習慣追蹤

Habit   1 2 3 4 5 6 7 8 9 10 11 12 13

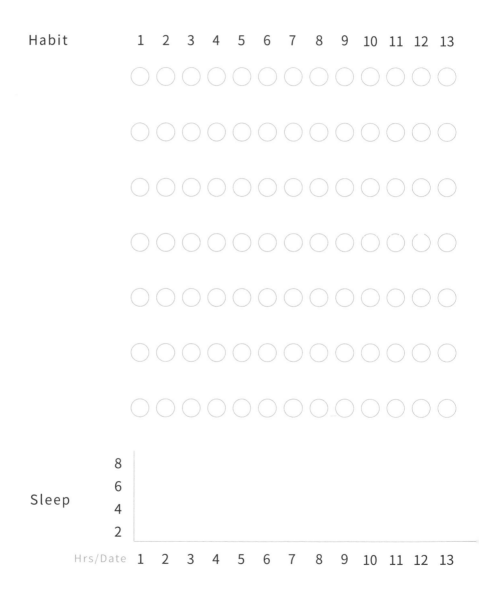

Sleep

8
6
4
2

Hrs/Date 1 2 3 4 5 6 7 8 9 10 11 12 13

14　15　16　17　18　19　20　21　22　23　24　25　26　27　28

○○○○○○○○○○○○○○○

○○○○○○○○○○○○○○○

○○○○○○○○○○○○○○○

○○○○○○○○○○○○○○○

○○○○○○○○○○○○○○○

○○○○○○○○○○○○○○○

○○○○○○○○○○○○○○○

Expenses Tracker. 花費追蹤

Date	Description	Amount

Total

Date	Description	Amount

Total

Date	Description	Amount

Total

Date	Description	Amount

Total

Date	Description	Amount

Total

MARCH

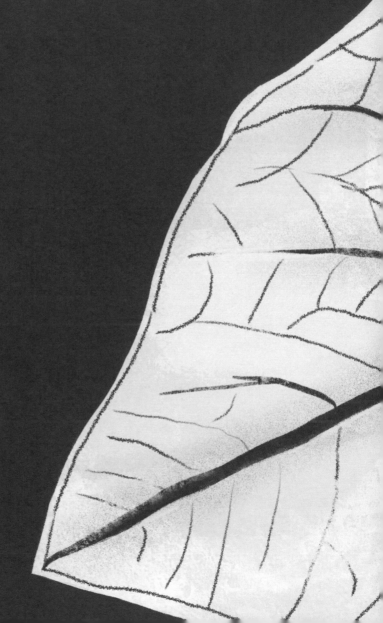

3

MON	TUE	WED
		1
6	7	8
13	14	15
20	21	22
27	28	29

| Health

| Finance

| Work/Study

| Relationship

THU	FRI	SAT	SUN
2	3	4	5
9	10	11	12
16	17	18	19
23	24	25	26
30	31		

| Date -

| Mood - 😄 🙂 🙁

| To Do -

☐

☐

☐

| Date -

| Mood - 😄 🙂 🙁

| To Do -

☐

☐

☐

| Date -

| Mood - 😄 🙂 🙁

| To Do -

☐

☐

☐

| Date -

| Mood - 😄 🙂 🙁

| To Do -

☐

☐

☐

| This Week -

| Date -

| Mood - 😄 ☺ ☹

| To Do -

☐

☐

☐

| Date -

| Mood - 😄 ☺ ☹

| To Do -

☐

☐

☐

| Date -

| Mood - 😄 ☺ ☹

| To Do -

☐

☐

☐

| Date -

| Mood - 😄 ☺ ☹

| To Do -

☐

☐

☐

| Date -

| Mood - 😄 🙂 🙁

| To Do -

☐

☐

☐

| Date -

| Mood - 😄 🙂 🙁

| To Do -

☐

☐

☐

| Date -

| Mood - 😄 🙂 🙁

| To Do -

☐

☐

☐

| Date -

| Mood - 😄 🙂 🙁

| To Do -

☐

☐

☐

| This Week -

| Date -

| Mood - 😄 🙂 🙁

| To Do -

☐

☐

☐

| Date -

| Mood - 😄 🙂 🙁

| To Do -

☐

☐

☐

| Date -

| Mood - 😄 🙂 🙁

| To Do -

☐

☐

☐

| Date -

| Mood - 😄 🙂 🙁

| To Do -

☐

☐

☐

| Date -

| Mood - 😄 🙂 🙁

| To Do -

☐

☐

☐

| Date -

| Mood - 😄 🙂 🙁

| To Do -

☐

☐

☐

| Date -

| Mood - 😄 🙂 🙁

| To Do -

☐

☐

☐

| Date -

| Mood - 😄 🙂 🙁

| To Do -

☐

☐

☐

| This Week -

| Date -

| Mood - 😄 🙂 😞

| To Do -

☐

☐

☐

| Date -

| Mood - 😄 🙂 😞

| To Do -

☐

☐

☐

| Date -

| Mood - 😄 🙂 😞

| To Do -

☐

☐

☐

| Date -

| Mood - 😄 🙂 😞

| To Do -

☐

☐

☐

| Date -

| Mood - 😄 🙂 🙁

| To Do -

☐

☐

☐

| Date -

| Mood - 😄 🙂 🙁

| To Do -

☐

☐

☐

| Date -

| Mood - 😄 🙂 🙁

| To Do -

☐

☐

☐

| Date -

| Mood - 😄 🙂 🙁

| To Do -

☐

☐

☐

| This Week -

| Date -

| Mood - 😄 🙂 🙁

| To Do -

☐

☐

☐

| Date -

| Mood - 😄 🙂 🙁

| To Do -

☐

☐

☐

| Date -

| Mood - 😄 🙂 🙁

| To Do -

☐

☐

☐

| Date -

| Mood - 😄 🙂 🙁

| To Do -

☐

☐

☐

Habit Tracker. 習慣追蹤

Habit	1	2	3	4	5	6	7	8	9	10	11	12	13

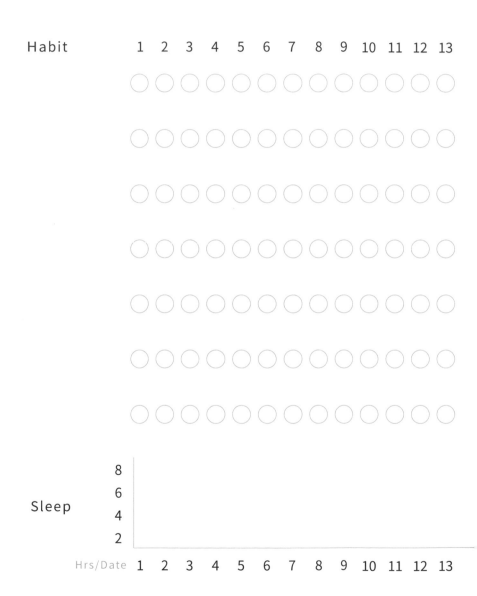

Sleep	8												
	6												
	4												
	2												

| Hrs/Date | 1 | 2 | 3 | 4 | 5 | 6 | 7 | 8 | 9 | 10 | 11 | 12 | 13 |

14 15 16 17 18 19 20 21 22 23 24 25 26 27 28 29 30 31

○ ○ ○ ○ ○ ○ ○ ○ ○ ○ ○ ○ ○ ○ ○ ○ ○ ○

○ ○ ○ ○ ○ ○ ○ ○ ○ ○ ○ ○ ○ ○ ○ ○ ○ ○

○ ○ ○ ○ ○ ○ ○ ○ ○ ○ ○ ○ ○ ○ ○ ○ ○ ○

○ ○ ○ ○ ○ ○ ○ ○ ○ ○ ○ ○ ○ ○ ○ ○ ○ ○

○ ○ ○ ○ ○ ○ ○ ○ ○ ○ ○ ○ ○ ○ ○ ○ ○ ○

○ ○ ○ ○ ○ ○ ○ ○ ○ ○ ○ ○ ○ ○ ○ ○ ○ ○

○ ○ ○ ○ ○ ○ ○ ○ ○ ○ ○ ○ ○ ○ ○ ○ ○ ○

Expenses Tracker. 花費追蹤

Date	Description	Amount

Total

Date	Description	Amount

Total

Date	Description	Amount

Total

Date	Description	Amount

Total

Date	Description	Amount

Total

APRIL

4

| Health

| Finance

| Work/Study

| Relationship

MON	TUE	WED
3	4	5
10	11	12
17	18	19
24	25	26

THU	FRI	SAT	SUN
		1	2
6	7	8	9
13	14	15	16
20	21	22	23
27	28	29	30

| Date -

| Mood - 😄 🙂 🙁

| To Do -

☐

☐

☐

| Date -

| Mood - 😄 🙂 🙁

| To Do -

☐

☐

☐

| Date -

| Mood - 😄 🙂 🙁

| To Do -

☐

☐

☐

| Date -

| Mood - 😄 🙂 🙁

| To Do -

☐

☐

☐

| This Week -

| Date -

| Mood - 😄 🙂 😞

| To Do -

☐

☐

☐

| Date -

| Mood - 😄 🙂 😞

| To Do -

☐

☐

☐

| Date -

| Mood - 😄 🙂 😞

| To Do -

☐

☐

☐

| Date -

| Mood - 😄 🙂 😞

| To Do -

☐

☐

☐

| Date -

| Mood - 😄 🙂 ☹️

| To Do -

☐

☐

☐

| Date -

| Mood - 😄 🙂 ☹️

| To Do -

☐

☐

☐

| Date -

| Mood - 😄 🙂 ☹️

| To Do -

☐

☐

☐

| Date -

| Mood - 😄 🙂 ☹️

| To Do -

☐

☐

☐

| This Week -

| Date -

| Mood - 😄 🙂 🙁

| To Do -

☐

☐

☐

| Date -

| Mood - 😄 🙂 🙁

| To Do -

☐

☐

☐

| Date -

| Mood - 😄 🙂 🙁

| To Do -

☐

☐

☐

| Date -

| Mood - 😄 🙂 🙁

| To Do -

☐

☐

☐

| Date -

| Mood - 😄 🙂 ☹️

| To Do -

☐

☐

☐

| Date -

| Mood - 😄 🙂 ☹️

| To Do -

☐

☐

☐

| Date -

| Mood - 😄 🙂 ☹️

| To Do -

☐

☐

☐

| Date -

| Mood - 😄 🙂 ☹️

| To Do -

☐

☐

☐

| This Week -

| Date -

| Mood - 😄 🙂 🙁

| To Do -

☐

☐

☐

| Date -

| Mood - 😄 🙂 🙁

| To Do -

☐

☐

☐

| Date -

| Mood - 😄 🙂 🙁

| To Do -

☐

☐

☐

| Date -

| Mood - 😄 🙂 🙁

| To Do -

☐

☐

☐

| Date -

| Mood - 😄 🙂 🙁

| To Do -

☐

☐

☐

| Date -

| Mood - 😄 🙂 🙁

| To Do -

☐

☐

☐

| Date -

| Mood - 😄 🙂 🙁

| To Do -

☐

☐

☐

| Date -

| Mood - 😄 🙂 🙁

| To Do -

☐

☐

☐

| This Week -

| Date -

| Mood - 😄 😊 😞

| To Do -

☐

☐

☐

| Date -

| Mood - 😄 😊 😞

| To Do -

☐

☐

☐

| Date -

| Mood - 😄 😊 😞

| To Do -

☐

☐

☐

| Date -

| Mood - 😄 😊 😞

| To Do -

☐

☐

☐

Habit Tracker. 習慣追蹤

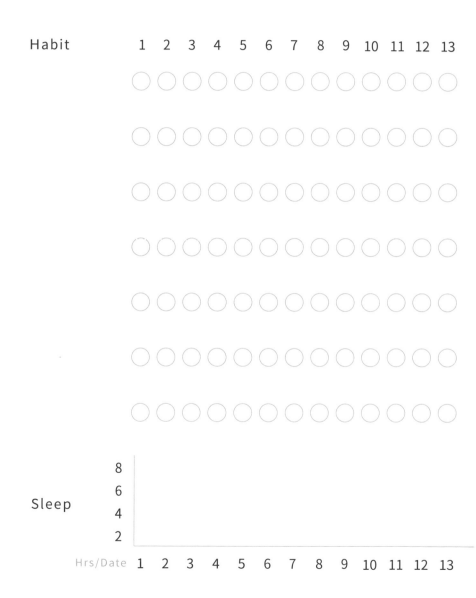

Habit   1 2 3 4 5 6 7 8 9 10 11 12 13

Sleep
8
6
4
2

Hrs/Date 1 2 3 4 5 6 7 8 9 10 11 12 13

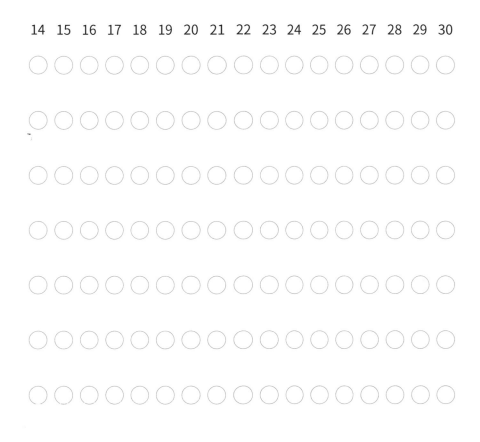

14 15 16 17 18 19 20 21 22 23 24 25 26 27 28 29 30

Expenses Tracker. 花費追蹤

Date	Description	Amount

Total

Date	Description	Amount

Total

Date	Description	Amount

Total

Date	Description	Amount

Total

Date	Description	Amount

Total

MAY

5

MON | TUE | WED

Health		
1	2	3
8	9	10
15	16	17
22	23	24
29	30	31

| Finance

| Work/Study

| Relationship

THU	FRI	SAT	SUN
4	5	6	7
11	12	13	14
18	19	20	21
25	26	27	28

| Date -

| Mood - 😄 🙂 🙁

| To Do -

☐

☐

☐

| Date -

| Mood - 😄 🙂 🙁

| To Do -

☐

☐

☐

| Date -

| Mood - 😄 🙂 🙁

| To Do -

☐

☐

☐

| Date -

| Mood - 😄 🙂 🙁

| To Do -

☐

☐

☐

| This Week -

| Date -

| Mood - 😄 😊 ☹️

| To Do -

☐

☐

☐

| Date -

| Mood - 😄 😊 ☹️

| To Do -

☐

☐

☐

| Date -

| Mood - 😄 😊 ☹️

| To Do -

☐

☐

☐

| Date -

| Mood - 😄 😊 ☹️

| To Do -

☐

☐

☐

| Date -

| Mood - 😄 🙂 🙁

| To Do -

☐

☐

☐

| Date -

| Mood - 😄 🙂 🙁

| To Do -

☐

☐

☐

| Date -

| Mood - 😄 🙂 🙁

| To Do -

☐

☐

☐

| Date -

| Mood - 😄 🙂 🙁

| To Do -

☐

☐

☐

| This Week -

| Date -

| Mood - 😊 🙂 🙁

| To Do -

☐

☐

☐

| Date -

| Mood - 😊 🙂 🙁

| To Do -

☐

☐

☐

| Date -

| Mood - 😊 🙂 🙁

| To Do -

☐

☐

☐

| Date -

| Mood - 😊 🙂 🙁

| To Do -

☐

☐

☐

| Date -

| Mood - 😄 🙂 🙁

| To Do -

☐

☐

☐

| Date -

| Mood - 😄 🙂 🙁

| To Do -

☐

☐

☐

| Date -

| Mood - 😄 🙂 🙁

| To Do -

☐

☐

☐

| Date -

| Mood - 😄 🙂 🙁

| To Do -

☐

☐

☐

| This Week -

| Date -

| Mood - 😄 🙂 🙁

| To Do -

☐

☐

☐

| Date -

| Mood - 😄 🙂 🙁

| To Do -

☐

☐

☐

| Date -

| Mood - 😄 🙂 🙁

| To Do -

☐

☐

☐

| Date -

| Mood - 😄 🙂 🙁

| To Do -

☐

☐

☐

| Date -

| Mood - 😄 🙂 🙁

| To Do -

☐

☐

☐

| Date -

| Mood - 😄 🙂 🙁

| To Do -

☐

☐

☐

| Date -

| Mood - 😄 🙂 🙁

| To Do -

☐

☐

☐

| Date -

| Mood - 😄 🙂 🙁

| To Do -

☐

☐

☐

| This Week -

| Date -

| Mood - ☺ ☺ ☹

| To Do -

☐

☐

☐

| Date -

| Mood - ☺ ☺ ☹

| To Do -

☐

☐

☐

| Date -

| Mood - ☺ ☺ ☹

| To Do -

☐

☐

☐

| Date -

| Mood - ☺ ☺ ☹

| To Do -

☐

☐

☐

Habit Tracker. 習慣追蹤

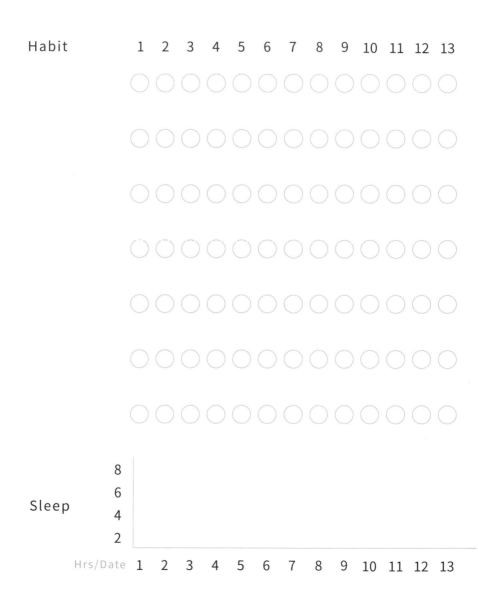

Habit   1   2   3   4   5   6   7   8   9   10   11   12   13

Sleep

	8
	6
	4
	2

Hrs/Date   1   2   3   4   5   6   7   8   9   10   11   12   13

14 15 16 17 18 19 20 21 22 23 24 25 26 27 28 29 30 31

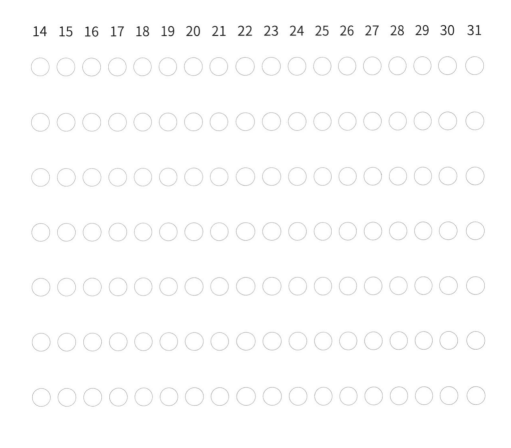

Expenses Tracker. 花費追蹤

Date	Description	Amount

Total

Date	Description	Amount

Total

Date	Description	Amount

Total

Date	Description	Amount

Total

Date	Description	Amount

Total

JUNE

6

	MON	TUE	WED
	5	6	7
	12	13	14
	19	20	21
	26	27	28

| Health

| Finance

| Work/Study

| Relationship

THU	FRI	SAT	SUN
1	2	3	4
8	9	10	11
15	16	17	18
22	23	24	25
29	30		

| Date -

| Mood - 😄 🙂 🙁

| To Do -

☐

☐

☐

| Date -

| Mood - 😄 🙂 🙁

| To Do -

☐

☐

☐

| Date -

| Mood - 😄 🙂 🙁

| To Do -

☐

☐

☐

| Date -

| Mood - 😄 🙂 🙁

| To Do -

☐

☐

☐

| This Week -

| Date -

| Mood - 😄 🙂 🙁

| To Do -

☐

☐

☐

| Date -

| Mood - 😄 🙂 🙁

| To Do -

☐

☐

☐

| Date -

| Mood - 😄 🙂 🙁

| To Do -

☐

☐

☐

| Date -

| Mood - 😄 🙂 🙁

| To Do -

☐

☐

☐

| Date -

| Mood - 😄 🙂 🙁

| To Do -

☐

☐

☐

| Date -

| Mood - 😄 🙂 🙁

| To Do -

☐

☐

☐

| Date -

| Mood - 😄 🙂 🙁

| To Do -

☐

☐

☐

| Date -

| Mood - 😄 🙂 🙁

| To Do -

☐

☐

☐

| This Week -

| Date -

| Mood - 😄 🙂 🙁

| To Do -

☐

☐

☐

| Date -

| Mood - 😄 🙂 🙁

| To Do -

☐

☐

☐

| Date -

| Mood - 😄 🙂 🙁

| To Do -

☐

☐

☐

| Date -

| Mood - 😄 🙂 🙁

| To Do -

☐

☐

☐

| Date -

| Mood - 😄 🙂 🙁

| To Do -

☐

☐

☐

| Date -

| Mood - 😄 🙂 🙁

| To Do -

☐

☐

☐

| Date -

| Mood - 😄 🙂 🙁

| To Do -

☐

☐

☐

| Date -

| Mood - 😄 🙂 🙁

| To Do -

☐

☐

☐

| This Week -

| Date -

| Mood - 😄 🙂 😣

| To Do -

☐

☐

☐

| Date -

| Mood - 😄 🙂 😣

| To Do -

☐

☐

☐

| Date -

| Mood - 😄 🙂 😣

| To Do -

☐

☐

☐

| Date -

| Mood - 😄 🙂 😣

| To Do -

☐

☐

☐

| Date -

| Mood - 😄 😊 😟

| To Do -

☐

☐

☐

| Date -

| Mood - 😄 😊 😟

| To Do -

☐

☐

☐

| Date -

| Mood - 😄 😊 😟

| To Do -

☐

☐

☐

| Date -

| Mood - 😄 😊 😟

| To Do -

☐

☐

☐

| This Week -

| Date -

| Mood - 😄 🙂 🙁

| To Do -

☐

☐

☐

| Date -

| Mood - 😄 🙂 🙁

| To Do -

☐

☐

☐

| Date -

| Mood - 😄 🙂 🙁

| To Do -

☐

☐

☐

| Date -

| Mood - 😄 🙂 🙁

| To Do -

☐

☐

☐

Habit Tracker. 習慣追蹤

Habit	1	2	3	4	5	6	7	8	9	10	11	12	13
	○	○	○	○	○	○	○	○	○	○	○	○	○
	○	○	○	○	○	○	○	○	○	○	○	○	○
	○	○	○	○	○	○	○	○	○	○	○	○	○
	○	○	○	○	○	○	○	○	○	○	○	○	○
	○	○	○	○	○	○	○	○	○	○	○	○	○
	○	○	○	○	○	○	○	○	○	○	○	○	○
	○	○	○	○	○	○	○	○	○	○	○	○	○

Sleep

8
6
4
2

Hrs/Date 1 2 3 4 5 6 7 8 9 10 11 12 13

14 15 16 17 18 19 20 21 22 23 24 25 26 27 28 29 30

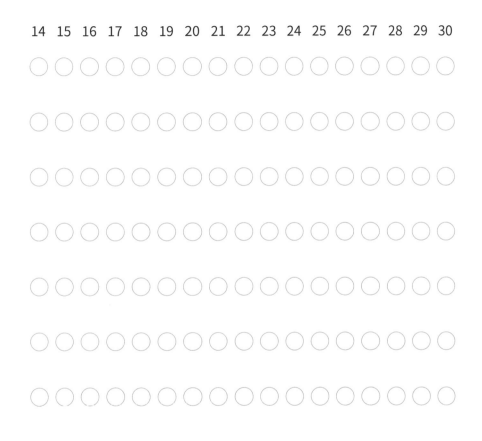

Expenses Tracker. 花費追蹤

Date	Description	Amount

Total

Date	Description	Amount

Total

Date	Description	Amount

Total

Date	Description	Amount

Total

Date	Description	Amount

Total

Everyday is a chance to begin again.

Inspiration.

Half A Year Review. 半年回顧

- 一到六月我完成或做到了……

- 一到六月什麼是我不喜歡想要改變的？

JULY

7

	MON	TUE	WED
Health	3	4	5
Finance	10	11	12
Work/Study	17	18	19
Relationship	24	25	26
	31		

THU	FRI	SAT	SUN
		1	2
6	7	8	9
13	14	15	16
20	21	22	23
27	28	29	30

| Date -

| Mood - 😄 🙂 🙁

| To Do -

☐

☐

☐

| Date -

| Mood - 😄 🙂 🙁

| To Do -

☐

☐

☐

| Date -

| Mood - 😄 🙂 🙁

| To Do -

☐

☐

☐

| Datc -

| Mood - 😄 🙂 🙁

| To Do -

☐

☐

☐

| This Week -

| Date -

| Mood - 😄 😊 🙁

| To Do -

- [ ]
- [ ]
- [ ]

| Date -

| Mood - 😄 😊 🙁

| To Do -

- [ ]
- [ ]
- [ ]

| Date -

| Mood - 😄 😊 🙁

| To Do -

- [ ]
- [ ]
- [ ]

| Date -

| Mood - 😄 😊 🙁

| To Do -

- [ ]
- [ ]
- [ ]

| Date -

| Mood - ☺ ☺ ☹

| To Do -

☐

☐

☐

| Date -

| Mood - ☺ ☺ ☹

| To Do -

☐

☐

☐

| Date -

| Mood - ☺ ☺ ☹

| To Do -

☐

☐

☐

| Date -

| Mood - ☺ ☺ ☹

| To Do -

☐

☐

☐

| This Week -

| Date -

| Mood - 😄 🙂 ☹️

| To Do -

☐

☐

☐

| Date -

| Mood - 😄 🙂 ☹️

| To Do -

☐

☐

☐

| Date -

| Mood - 😄 🙂 ☹️

| To Do -

☐

☐

☐

| Date -

| Mood - 😄 🙂 ☹️

| To Do -

☐

☐

☐

| Date -

| Mood - 🙂 🙂 🙁

| To Do -

☐

☐

☐

| Date -

| Mood - 🙂 🙂 🙁

| To Do -

☐

☐

☐

| Date -

| Mood - 🙂 🙂 🙁

| To Do -

☐

☐

☐

| Date -

| Mood - 🙂 🙂 🙁

| To Do -

☐

☐

☐

| This Week -

| Date -

| Mood - 😄 🙂 ☹️

| To Do -

- ☐
- ☐
- ☐

| Date -

| Mood - 😄 🙂 ☹️

| To Do -

- ☐
- ☐
- ☐

| Date -

| Mood - 😄 🙂 ☹️

| To Do -

- ☐
- ☐
- ☐

| Date -

| Mood - 😄 🙂 ☹️

| To Do -

- ☐
- ☐
- ☐

| Date -

| Mood - ☺ ☺ ☹

| To Do -

☐

☐

☐

| Date -

| Mood - ☺ ☺ ☹

| To Do -

☐

☐

☐

| Date -

| Mood - ☺ ☺ ☹

| To Do -

☐

☐

☐

| Date -

| Mood - ☺ ☺ ☹

| To Do -

☐

☐

☐

| This Week -

| Date -

| Mood - 😄 🙂 ☹️

| To Do -

☐

☐

☐

| Date -

| Mood - 😄 🙂 ☹️

| To Do -

☐

☐

☐

| Date -

| Mood - 😄 🙂 ☹️

| To Do -

☐

☐

☐

| Date -

| Mood - 😄 🙂 ☹️

| To Do -

☐

☐

☐

Habit Tracker. 習慣追蹤

Habit   1 2 3 4 5 6 7 8 9 10 11 12 13

Sleep

	8
	6
	4
	2

Hrs/Date 1 2 3 4 5 6 7 8 9 10 11 12 13

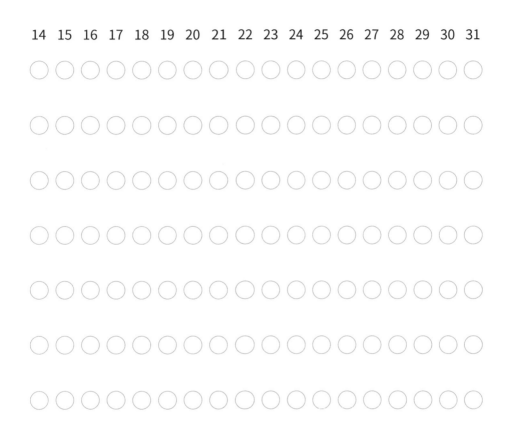

14 15 16 17 18 19 20 21 22 23 24 25 26 27 28 29 30 31

Expenses Tracker. 花費追蹤

Date	Description	Amount

Total

Date	Description	Amount

Total

Date	Description	Amount

Total

Date	Description	Amount

Total

Date	Description	Amount

Total

AUGUST

8

| Health

| Finance

| Work/Study

| Relationship

MON	TUE	WED
	1	2
7	8	9
14	15	16
21	22	23
28	29	30

THU	FRI	SAT	SUN
3	4	5	6
10	11	12	13
17	18	19	20
24	25	26	27
31			

| Date -

| Mood - 😄 🙂 😣

| To Do -

☐

☐

☐

| Date -

| Mood - 😄 🙂 😣

| To Do -

☐

☐

☐

| Date -

| Mood - 😄 🙂 😣

| To Do -

☐

☐

☐

| Date -

| Mood - 😄 🙂 😣

| To Do -

☐

☐

☐

| This Week -

| Date -

| Mood - 😄 🙂 🙁

| To Do -

☐

☐

☐

| Date -

| Mood - 😄 🙂 🙁

| To Do -

☐

☐

☐

| Date -

| Mood - 😄 🙂 🙁

| To Do -

☐

☐

☐

| Date -

| Mood - 😄 🙂 🙁

| To Do -

☐

☐

☐

| Date -

| Mood - 😄 🙂 🙁

| To Do -

☐

☐

☐

| Date -

| Mood - 😄 🙂 🙁

| To Do -

☐

☐

☐

| Date -

| Mood - 😄 🙂 🙁

| To Do -

☐

☐

☐

| Date -

| Mood - 😄 🙂 🙁

| To Do -

☐

☐

☐

| This Week -

| Date -

| Mood - 😄 🙂 🙁

| To Do -

☐

☐

☐

| Date -

| Mood - 😄 🙂 🙁

| To Do -

☐

☐

☐

| Date -

| Mood - 😄 🙂 🙁

| To Do -

☐

☐

☐

| Date -

| Mood - 😄 🙂 🙁

| To Do -

☐

☐

☐

| Date -

| Mood - 😄 🙂 🙁

| To Do -

☐

☐

☐

| Date -

| Mood - 😄 🙂 🙁

| To Do -

☐

☐

☐

| Date -

| Mood - 😄 🙂 🙁

| To Do -

☐

☐

☐

| Date -

| Mood - 😄 🙂 🙁

| To Do -

☐

☐

☐

| This Week -

| Date -

| Mood - ☺ ☺ ☹

| To Do -

☐

☐

☐

| Date -

| Mood - ☺ ☺ ☹

| To Do -

☐

☐

☐

| Date -

| Mood - ☺ ☺ ☹

| To Do -

☐

☐

☐

| Date -

| Mood - ☺ ☺ ☹

| To Do -

☐

☐

☐

| Date -

| Mood - 😄 🙂 🙁

| To Do -

☐

☐

☐

| Date -

| Mood - 😄 🙂 🙁

| To Do -

☐

☐

☐

| Date -

| Mood - 😄 🙂 🙁

| To Do -

☐

☐

☐

| Date -

| Mood - 😄 🙂 🙁

| To Do -

☐

☐

☐

| This Week -

| Date -

| Mood - 😄 🙂 🙁

| To Do -

☐

☐

☐

| Date -

| Mood - 😄 🙂 🙁

| To Do -

☐

☐

☐

| Date -

| Mood - 😄 🙂 🙁

| To Do -

☐

☐

☐

| Date -

| Mood - 😄 🙂 🙁

| To Do -

☐

☐

☐

Habit Tracker. 習慣追蹤

Habit   1 2 3 4 5 6 7 8 9 10 11 12 13

○ ○ ○ ○ ○ ○ ○ ○ ○ ○ ○ ○ ○

○ ○ ○ ○ ○ ○ ○ ○ ○ ○ ○ ○ ○

○ ○ ○ ○ ○ ○ ○ ○ ○ ○ ○ ○ ○

○ ○ ○ ○ ○ ○ ○ ○ ○ ○ ○ ○ ○

○ ○ ○ ○ ○ ○ ○ ○ ○ ○ ○ ○ ○

○ ○ ○ ○ ○ ○ ○ ○ ○ ○ ○ ○ ○

○ ○ ○ ○ ○ ○ ○ ○ ○ ○ ○ ○ ○

Sleep
8
6
4
2

Hrs/Date 1 2 3 4 5 6 7 8 9 10 11 12 13

14 15 16 17 18 19 20 21 22 23 24 25 26 27 28 29 30 31

○ ○ ○ ○ ○ ○ ○ ○ ○ ○ ○ ○ ○ ○ ○ ○ ○ ○

○ ○ ○ ○ ○ ○ ○ ○ ○ ○ ○ ○ ○ ○ ○ ○ ○ ○

○ ○ ○ ○ ○ ○ ○ ○ ○ ○ ○ ○ ○ ○ ○ ○ ○ ○

○ ○ ○ ○ ○ ○ ○ ○ ○ ○ ○ ○ ○ ○ ○ ○ ○ ○

○ ○ ○ ○ ○ ○ ○ ○ ○ ○ ○ ○ ○ ○ ○ ○ ○ ○

○ ○ ○ ○ ○ ○ ○ ○ ○ ○ ○ ○ ○ ○ ○ ○ ○ ○

○ ○ ○ ○ ○ ○ ○ ○ ○ ○ ○ ○ ○ ○ ○ ○ ○ ○

Expenses Tracker. 花費追蹤

Date	Description	Amount

Total

Date	Description	Amount

Total

Date	Description	Amount

Total

Date	Description	Amount

Total

Date	Description	Amount

Total

SEPTEMBER

9

| Health

| Finance

| Work/Study

| Relationship

MON	TUE	WED
4	5	6
11	12	13
18	19	20
25	26	27

THU	FRI	SAT	SUN
	1	2	3
7	8	9	10
14	15	16	17
21	22	23	24
28	29	30	

| Date -

| Mood - 😊 🙂 🙁

| To Do -

☐

☐

☐

| Date -

| Mood - 😊 🙂 🙁

| To Do -

☐

☐

☐

| Date -

| Mood - 😊 🙂 🙁

| To Do -

☐

☐

☐

| Date -

| Mood - 😊 🙂 🙁

| To Do -

☐

☐

☐

| This Week -

| Date -

| Mood - 😄 🙂 🙁

| To Do -

☐

☐

☐

| Date -

| Mood - 😄 🙂 🙁

| To Do -

☐

☐

☐

| Date -

| Mood - 😄 🙂 🙁

| To Do -

☐

☐

☐

| Date -

| Mood - 😄 🙂 🙁

| To Do -

☐

☐

☐

| Date -

| Mood - ☺ ☺ ☹

| To Do -

- [ ]
- [ ]
- [ ]

| Date -

| Mood - ☺ ☺ ☹

| To Do -

- [ ]
- [ ]

| Date -

| Mood - ☺ ☺ ☹

| To Do -

- [ ]
- [ ]
- [ ]

| Date -

| Mood - ☺ ☺ ☹

| To Do -

- [ ]
- [ ]
- [ ]

| This Week -

| Date -

| Mood - 😄 🙂 😟

| To Do -

☐

☐

☐

| Date -

| Mood - 😄 🙂 😟

| To Do -

☐

☐

☐

| Date -

| Mood - 😄 🙂 😟

| To Do -

☐

☐

☐

| Date -

| Mood - 😄 🙂 😟

| To Do -

☐

☐

☐

| Date -

| Mood - 😄 ☺ ☹

| To Do -

☐

☐

☐

| Date -

| Mood - 😄 ☺ ☹

| To Do -

☐

☐

☐

| Date -

| Mood - 😄 ☺ ☹

| To Do -

☐

☐

☐

| Date -

| Mood - 😄 ☺ ☹

| To Do -

☐

☐

☐

| This Week -

| Date -

| Mood - 😄 🙂 🙁

| To Do -

☐

☐

☐

| Date -

| Mood - 😄 🙂 🙁

| To Do -

☐

☐

☐

| Date -

| Mood - 😄 🙂 🙁

| To Do -

☐

☐

☐

| Date -

| Mood - 😄 🙂 🙁

| To Do -

☐

☐

☐

| Date -

| Mood - 😄 🙂 🙁

| To Do -

☐

☐

☐

| Date -

| Mood - 😄 🙂 🙁

| To Do -

☐

☐

☐

| Date -

| Mood - 😄 🙂 🙁

| To Do -

☐

☐

☐

| Date -

| Mood - 😄 🙂 🙁

| To Do -

☐

☐

☐

| This Week -

| Date -

| Mood - 😄 🙂 🙁

| To Do -

☐

☐

☐

| Date -

| Mood - 😄 🙂 🙁

| To Do -

☐

☐

☐

| Date -

| Mood - 😄 🙂 🙁

| To Do -

☐

☐

☐

| Date -

| Mood - 😄 🙂 🙁

| To Do -

☐

☐

☐

Habit Tracker. 習慣追蹤

Habit   1   2   3   4   5   6   7   8   9   10   11   12   13

Sleep

8
6
4
2

Hrs/Date   1   2   3   4   5   6   7   8   9   10   11   12   13

14 15 16 17 18 19 20 21 22 23 24 25 26 27 28 29 30

○○○○○○○○○○○○○○○○○

○○○○○○○○○○○○○○○○○

○○○○○○○○○○○○○○○○○

○○○○○○○○○○○○○○○○○

○○○○○○○○○○○○○○○○○

○○○○○○○○○○○○○○○○○

○○○○○○○○○○○○○○○○○

14 15 16 17 18 19 20 21 22 23 24 25 26 27 28 29 30

Expenses Tracker. 花費追蹤

Date	Description	Amount

Total

Date	Description	Amount

Total

Date	Description	Amount

Total

Date	Description	Amount

Total

Date	Description	Amount

Total

OCTOBER

10

| Health

| Finance

| Work/Study

| Relationship

MON	TUE	WED
2	3	4
9	10	11
16	17	18
23	24	25
30	31	

THU	FRI	SAT	SUN
			1
5	6	7	8
12	13	14	15
19	20	21	22
26	27	28	29

| Date -

| Mood - 😄 🙂 🙁

| To Do -

☐

☐

☐

| Date -

| Mood - 😄 🙂 🙁

| To Do -

☐

☐

☐

| Date -

| Mood - 😄 🙂 🙁

| To Do -

☐

☐

☐

| Date -

| Mood - 😄 🙂 🙁

| To Do -

☐

☐

☐

| This Week -

| Date -

| Mood - 😄 🙂 🙁

| To Do -

☐

☐

☐

| Date -

| Mood - 😄 🙂 🙁

| To Do -

☐

☐

☐

| Date -

| Mood - 😄 🙂 🙁

| To Do -

☐

☐

☐

| Date -

| Mood - 😄 🙂 🙁

| To Do -

☐

☐

☐

| Date -

| Mood - 😄 🙂 🙁

| To Do -

☐

☐

☐

| Date -

| Mood - 😄 🙂 🙁

| To Do -

☐

☐

☐

| Date -

| Mood - 😄 🙂 🙁

| To Do -

☐

☐

☐

| Date -

| Mood - 😄 🙂 🙁

| To Do -

☐

☐

☐

| This Week -

| Date -

| Mood - 😄 🙂 😣

| To Do -

☐

☐

☐

| Date -

| Mood - 😄 🙂 😣

| To Do -

☐

☐

☐

| Date -

| Mood - 😄 🙂 😣

| To Do -

☐

☐

☐

| Date -

| Mood - 😄 🙂 😣

| To Do -

☐

☐

☐

| Date -

| Mood - 😄 🙂 🙁

| To Do -

☐

☐

☐

| Date -

| Mood - 😄 🙂 🙁

| To Do -

☐

☐

☐

| Date -

| Mood - 😄 🙂 🙁

| To Do -

☐

☐

☐

| Date -

| Mood - 😄 🙂 🙁

| To Do -

☐

☐

☐

| This Week -

| Date -

| Mood - 😄 🙂 🙁

| To Do -

☐

☐

☐

| Date -

| Mood - 😄 🙂 🙁

| To Do -

☐

☐

☐

| Date -

| Mood - 😄 🙂 🙁

| To Do -

☐

☐

☐

| Date -

| Mood - 😄 🙂 🙁

| To Do -

☐

☐

☐

| Date -

| Mood - 😊 🙂 ☹️

| To Do -

☐

☐

☐

| Date -

| Mood - 😊 🙂 ☹️

| To Do -

☐

☐

☐

| Date -

| Mood - 😊 🙂 ☹️

| To Do -

☐

☐

☐

| Date -

| Mood - 😊 🙂 ☹️

| To Do -

☐

☐

☐

| This Week -

| Date -

| Mood - 😄 🙂 🙁

| To Do -

☐

☐

☐

| Date -

| Mood - 😄 🙂 🙁

| To Do -

☐

☐

☐

| Date -

| Mood - 😄 🙂 🙁

| To Do -

☐

☐

☐

| Date -

| Mood - 😄 🙂 🙁

| To Do -

☐

☐

☐

Habit Tracker. 習慣追蹤

Habit	1	2	3	4	5	6	7	8	9	10	11	12	13
	○	○	○	○	○	○	○	○	○	○	○	○	○
	○	○	○	○	○	○	○	○	○	○	○	○	○
	○	○	○	○	○	○	○	○	○	○	○	○	○
	○	○	○	○	○	○	○	○	○	○	○	○	○
	○	○	○	○	○	○	○	○	○	○	○	○	○
	○	○	○	○	○	○	○	○	○	○	○	○	○
	○	○	○	○	○	○	○	○	○	○	○	○	○

Sleep

8
6
4
2

Hrs/Date 1 2 3 4 5 6 7 8 9 10 11 12 13

14 15 16 17 18 19 20 21 22 23 24 25 26 27 28 29 30 31

○ ○ ○ ○ ○ ○ ○ ○ ○ ○ ○ ○ ○ ○ ○ ○ ○ ○

○ ○ ○ ○ ○ ○ ○ ○ ○ ○ ○ ○ ○ ○ ○ ○ ○ ○

○ ○ ○ ○ ○ ○ ○ ○ ○ ○ ○ ○ ○ ○ ○ ○ ○ ○

○ ○ ○ ○ ○ ○ ○ ○ ○ ○ ○ ○ ○ ○ ○ ○ ○ ○

○ ○ ○ ○ ○ ○ ○ ○ ○ ○ ○ ○ ○ ○ ○ ○ ○ ○

○ ○ ○ ○ ○ ○ ○ ○ ○ ○ ○ ○ ○ ○ ○ ○ ○ ○

○ ○ ○ ○ ○ ○ ○ ○ ○ ○ ○ ○ ○ ○ ○ ○ ○ ○

Expenses Tracker. 花費追蹤

Date	Description	Amount

Total

Date	Description	Amount

Total

Date	Description	Amount

Total

Date	Description	Amount

Total

Date	Description	Amount

Total

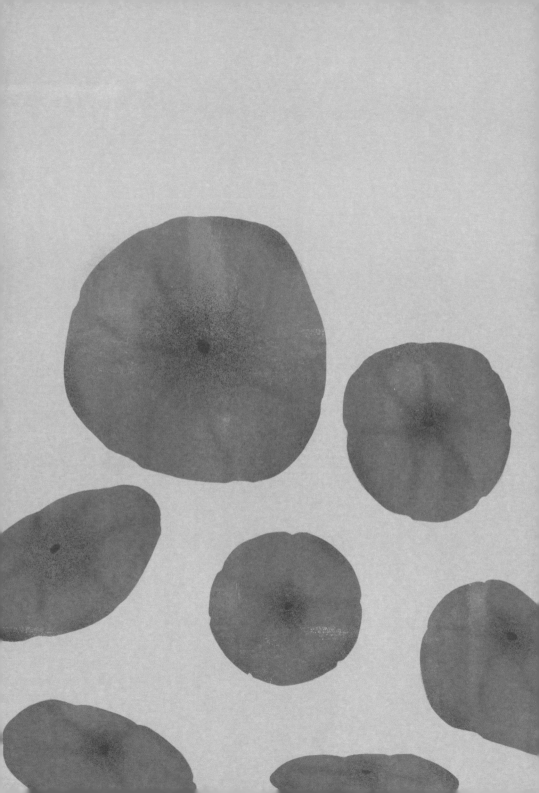

NOVEMBER

11

| Health

| Finance

| Work/Study

| Relationship

MON	TUE	WED
		1
6	7	8
13	14	15
20	21	22
27	28	29

THU	FRI	SAT	SUN
2	3	4	5
9	10	11	12
16	17	18	19
23	24	25	26
30			

| Date -

| Mood - 😄 🙂 🙁

| To Do -

☐

☐

☐

| Date -

| Mood - 😄 🙂 🙁

| To Do -

☐

☐

☐

| Date -

| Mood - 😄 🙂 🙁

| To Do -

☐

☐

☐

| Date -

| Mood - 😄 🙂 🙁

| To Do -

☐

☐

☐

| This Week -

| Date -

| Mood - 😄 🙂 🙁

| To Do -

☐

☐

☐

| Date -

| Mood - 😄 🙂 🙁

| To Do -

☐

☐

☐

| Date -

| Mood - 😄 🙂 🙁

| To Do -

☐

☐

☐

| Date -

| Mood - 😄 🙂 🙁

| To Do -

☐

☐

☐

| Date -

| Mood - 🙂 ☺ 🙁

| To Do -

☐

☐

☐

| Date -

| Mood - 🙂 ☺ 🙁

| To Do -

☐

☐

☐

| Date -

| Mood - 🙂 ☺ 🙁

| To Do -

☐

☐

☐

| Date -

| Mood - 🙂 ☺ 🙁

| To Do -

☐

☐

☐

| This Week -

| Date -

| Mood - 😄 🙂 🙁

| To Do -

☐

☐

☐

| Date -

| Mood - 😄 🙂 🙁

| To Do -

☐

☐

☐

| Date -

| Mood - 😄 🙂 🙁

| To Do -

☐

☐

☐

| Date -

| Mood - 😄 🙂 🙁

| To Do -

☐

☐

☐

| Date -

| Mood - ☺ ☺ ☹

| To Do -

☐

☐

☐

| Date -

| Mood - ☺ ☺ ☹

| To Do -

☐

☐

☐

| Date -

| Mood - ☺ ☺ ☹

| To Do -

☐

☐

☐

| Date -

| Mood - ☺ ☺ ☹

| To Do -

☐

☐

☐

| This Week -

| Date -

| Mood - 😀 🙂 🙁

| To Do -

☐

☐

☐

| Date -

| Mood - 😀 🙂 🙁

| To Do -

☐

☐

☐

| Date -

| Mood - 😀 🙂 🙁

| To Do -

☐

☐

☐

| Date -

| Mood - 😀 🙂 🙁

| To Do -

☐

☐

☐

| Date -

| Mood - 😄 ☺ 😞

| To Do -

☐

☐

☐

| Date -

| Mood - 😄 ☺ 😞

| To Do -

☐

☐

☐

| Date -

| Mood - 😄 ☺ 😞

| To Do -

☐

☐

☐

| Date -

| Mood - 😄 ☺ 😞

| To Do -

☐

☐

☐

| This Week -

| Date -

| Mood - 😄 🙂 😖

| To Do -

☐

☐

☐

| Date -

| Mood - 😄 🙂 😖

| To Do -

☐

☐

☐

| Date -

| Mood - 😄 🙂 😖

| To Do -

☐

☐

☐

| Date -

| Mood - 😄 🙂 😖

| To Do -

☐

☐

☐

Habit Tracker. 習慣追蹤

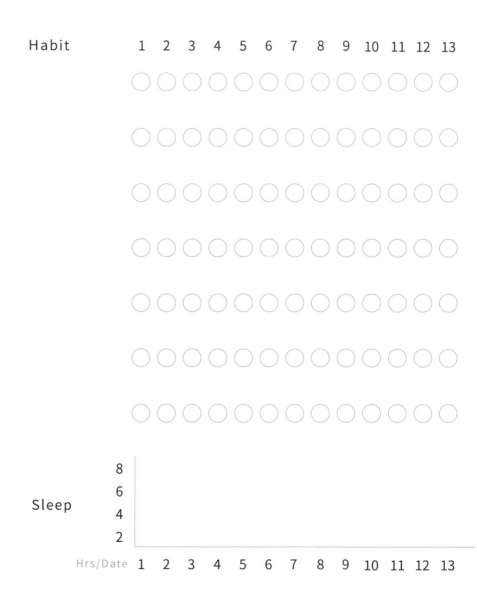

Habit   1 2 3 4 5 6 7 8 9 10 11 12 13

○ ○ ○ ○ ○ ○ ○ ○ ○ ○ ○ ○ ○

○ ○ ○ ○ ○ ○ ○ ○ ○ ○ ○ ○ ○

○ ○ ○ ○ ○ ○ ○ ○ ○ ○ ○ ○ ○

○ ○ ○ ○ ○ ○ ○ ○ ○ ○ ○ ○ ○

○ ○ ○ ○ ○ ○ ○ ○ ○ ○ ○ ○ ○

○ ○ ○ ○ ○ ○ ○ ○ ○ ○ ○ ○ ○

○ ○ ○ ○ ○ ○ ○ ○ ○ ○ ○ ○ ○

Sleep

8
6
4
2

Hrs/Date 1 2 3 4 5 6 7 8 9 10 11 12 13

14 15 16 17 18 19 20 21 22 23 24 25 26 27 28 29 30

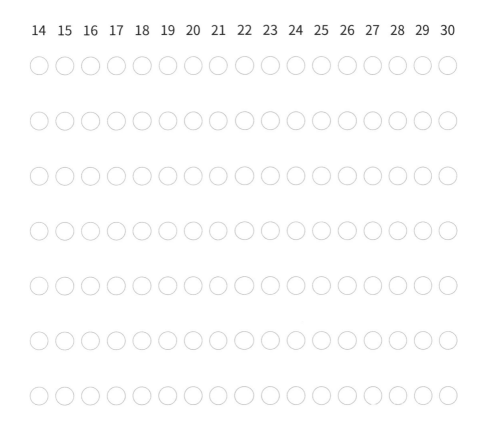

Expenses Tracker. 花費追蹤

Date	Description	Amount

Total

Date	Description	Amount

Total

Date	Description	Amount

Total

Date	Description	Amount

Total

Date	Description	Amount

Total

DECEMBER

12

| Health

| Finance

| Work/Study

| Relationship

MON	TUE	WED
4	5	6
11	12	13
18	19	20
25	26	27

THU	FRI	SAT	SUN
	1	2	3
7	8	9	10
14	15	16	17
21	22	23	24
28	29	30	31

| Date -

| Mood - 😄 🙂 🙁

| To Do -

☐

☐

☐

| Date -

| Mood - 😄 🙂 🙁

| To Do -

☐

☐

☐

| Date -

| Mood - 😄 🙂 🙁

| To Do -

☐

☐

☐

| Date -

| Mood - 😄 🙂 🙁

| To Do -

☐

☐

☐

| This Week -

| Date -

| Mood - 😄 🙂 🙁

| To Do -

☐

☐

☐

| Date -

| Mood - 😄 🙂 🙁

| To Do -

☐

☐

☐

| Date -

| Mood - 😄 🙂 🙁

| To Do -

☐

☐

☐

| Date -

| Mood - 😄 🙂 🙁

| To Do -

☐

☐

☐

| Date -

| Mood - 😐 🙂 🙁

| To Do -

☐

☐

☐

| Date -

| Mood - 😐 🙂 🙁

| To Do -

☐

☐

☐

| Date -

| Mood - 😐 🙂 🙁

| To Do -

☐

☐

☐

| Date -

| Mood - 😐 🙂 🙁

| To Do -

☐

☐

☐

| This Week -

| Date -

| Mood - 😄 🙂 🙁

| To Do -

☐

☐

☐

| Date -

| Mood - 😄 🙂 🙁

| To Do -

☐

☐

☐

| Date -

| Mood - 😄 🙂 🙁

| To Do -

☐

☐

☐

| Date -

| Mood - 😄 🙂 🙁

| To Do -

☐

☐

☐

| Date -

| Mood - 😀 🙂 🙁

| To Do -

☐

☐

☐

| Date -

| Mood - 😀 🙂 🙁

| To Do -

☐

☐

☐

| Date -

| Mood - 😀 🙂 🙁

| To Do -

☐

☐

☐

| Date -

| Mood - 😀 🙂 🙁

| To Do -

☐

☐

☐

| This Week -

| Date -

| Mood - 😄 🙂 🙁

| To Do -

☐

☐

☐

| Date -

| Mood - 😄 🙂 🙁

| To Do -

☐

☐

☐

| Date -

| Mood - 😄 🙂 🙁

| To Do -

☐

☐

☐

| Date -

| Mood - 😄 🙂 🙁

| To Do -

☐

☐

☐

| Date -

| Mood - 😄 🙂 🙁

| To Do -

☐

☐

☐

| Date -

| Mood - 😄 🙂 🙁

| To Do -

☐

☐

☐

| Date -

| Mood - 😄 🙂 🙁

| To Do -

☐

☐

☐

| Date -

| Mood - 😄 🙂 🙁

| To Do -

☐

☐

☐

| This Week -

| Date -

| Mood - 😄 🙂 🙁

| To Do -

☐

☐

☐

| Date -

| Mood - 😄 🙂 🙁

| To Do -

☐

☐

☐

| Date -

| Mood - 😄 🙂 🙁

| To Do -

☐

☐

☐

| Date -

| Mood - 😄 🙂 🙁

| To Do -

☐

☐

☐

Habit Tracker. 習慣追蹤

Habit	1	2	3	4	5	6	7	8	9	10	11	12	13
	○	○	○	○	○	○	○	○	○	○	○	○	○
	○	○	○	○	○	○	○	○	○	○	○	○	○
	○	○	○	○	○	○	○	○	○	○	○	○	○
	○	○	○	○	○	○	○	○	○	○	○	○	○
	○	○	○	○	○	○	○	○	○	○	○	○	○
	○	○	○	○	○	○	○	○	○	○	○	○	○
	○	○	○	○	○	○	○	○	○	○	○	○	○

Sleep

8
6
4
2

Hrs/Date 1 2 3 4 5 6 7 8 9 10 11 12 13

14 15 16 17 18 19 20 21 22 23 24 25 26 27 28 29 30 31

○○○○○○○○○○○○○○○○○○

○○○○○○○○○○○○○○○○○○

○○○○○○○○○○○○○○○○○○

○○○○○○○○○○○○○○○○○○

○○○○○○○○○○○○○○○○○○

○○○○○○○○○○○○○○○○○○

○○○○○○○○○○○○○○○○○○

Expenses Tracker. 花費追蹤

Date	Description	Amount
_____	_____	_____
_____	_____	_____
_____	_____	_____
_____	_____	_____
_____	_____	_____
_____	_____	_____
_____	_____	_____

Total

Date	Description	Amount
_____	_____	_____
_____	_____	_____
_____	_____	_____
_____	_____	_____
_____	_____	_____
_____	_____	_____
_____	_____	_____

Total

Date	Description	Amount

Total

Date	Description	Amount

Total

Date	Description	Amount

Total

You deserve reset.